AF175277

Florian Fritz

33+1x
LA RÉUNION

HIGHLIGHTS UND GEHEIMTIPPS AUF DER GRÜNEN VULKANINSEL IM INDISCHEN OZEAN

Impressum

Bibliografische Information der Deutschen Nationalbibliothek:
Die Deutsche Nationalbibliothek verzeichnet diese Publikation in der Deutschen Nationalbibliografie; detaillierte bibliografische Daten sind im Internet über http://dnb.dnb.de abrufbar.

© 2021 Florian Fritz, für Texte, Gedichte und Fotos

Lektorat: Florian Fritz
Layout: Florian Fritz

Herstellung und Verlag: BoD – Books on Demand, Norderstedt

ISBN: 978-3-752602487

Inhaltsverzeichnis

Dieses Buch soll keinen klassischen Reiseführer zu La Réunion ersetzen, da gibt es bereits gute Ausgaben auf dem Markt (z.B. DuMont oder Iwanowski). Es ist vielmehr als Synthese aus Lese- und Fotobuch konzipiert und soll vor einer möglichen Reise Lust und Laune auf die Insel wecken und vor Ort oder auch danach den Genuss des nachträglichen Wiedererkennens bei einem guten Glas Wein vermitteln.

Die Auswahl der Orte bzw. Themen ist subjektiv, obwohl natürlich einige Highlights berücksichtigt sind – aber nicht, weil sie Highlights sind, sondern weil sie dem Autor so, wie er sie erlebt hat, gefallen haben.

Dahinter steckt der Gedanke, und auch die durch langjährige Reiseerfahrung gewonnene Erkenntnis des Autors, dass sowohl die sogenannten Geheimtipps, die spätestens dann keine mehr sind, wenn sie als solche benannt wurden, und die ohnehin schon sattsam bekannten Hauptsehenswürdigkeiten durchaus immer wieder neu und anders als üblich erfahren werden können. Dafür braucht es einen ungewöhnlichen Blickwinkel (der auch mal bewusst selektiv sein kann: Welche Farbe dominiert?), eine Tageszeit abseits der Menschenmassen (das kann auch nachts sein) oder mehr Zeit, als andere sie sich nehmen.

So lässt sich der Hafen von St. Gilles sehr schön entlang der Farbe Blau erkunden, der touristisch sattsam bekannte Strand von Grand Anse erhält an einem Grill- und Picknicksonntag eine rauchgeschwängerte, aber äußerst lebendige und unerwartete Note. Und das Bière Bourbon, farbenfroh beworbenes Lieblingsgetränk der (männlichen) Inselbevölkerung, findet sich einfach überall, und ist in diesem Zusammenhang sozusagen eher ein übergreifendes als geographisch definiertes Ziel. Selbst wer kein Bier mag, wird sich an der kreativen Vielfalt der Werbeformen erfreuen, die ein wichtiger soziokultureller Aspekt des Insellebens sind.

Viele der im Buch beschriebenen Ziele liegen in der Natur, manche sind nur auf teils mehrtägigen Wanderungen zu erreichen. Das ist der Tatsache geschuldet, dass La

Réunion eine Wanderinsel ist. Wer nicht gut und gerne zu Fuß unterwegs ist, kann hier zwar auch einen entspannten Urlaub verbringen, aber der eigentliche Zauber der Insel wird ihm weitgehend verborgen bleiben.

33 bunte Facetten will dieses Buch vermitteln. Facetten lassen sich aneinanderfügen, immer wieder umgestalten, neu komponieren. Dieses Prinzip des Sehens und Erlebens findet sich in den begleitenden fotografischen Impressionen wieder, die fast ausschließlich als Mosaikbilder gestaltet sind.

Der abschließende Fotoessay stellt die 34. Facette dar: Eine, die ganz in Grautönen gehalten ist. Die schwarzweißen Bilder reduzieren die farbenfrohe Insel auf ihre Formen und Strukturen. Auch die sind vielfältig, faszinierend, einerseits vielleicht bekannt, andererseits aber ganz bestimmt besonders!

Viel Spaß beim Erfahren und Erforschen von La Réunion, der grünen Vulkaninsel im Indischen Ozean!

Florian Fritz, Aying, Frühjahr 2021

In allen größeren Orten auf der Insel finden farbenfrohe Märkte statt, die die Sinne all jener betören, die sich Zeit für einen entspannten Bummel nehmen. In Saint Dénis sind das der Grand Marché und der Petit Marché.

Ersterer, 1866 als Halle in schwungvoller Eisenkonstruktion errichtet, dient heute insbesondere madegassischen Händlern zum Feilbieten ihres Kunsthandwerks. Letzterer, dessen heutige Form im Jahre 1941 entstand, als der hölzerne Vorgängerbau abgerissen wurde, ist ein typischer Lebensmittelmarkt mit Unmengen von einheimischen Früchten und Gemüse und zahlreichen buntgekleideten Frauen unterschiedlichster Herkunft, die zwischen den Ständen umherschwirren.

Was es da alles zu kaufen gibt? Hier eine Auswahl (in alphabetischer Reihenfolge): Ananas, Avocados, Bananen, Bibasses (kleine gelbe Baumfrüchte), Bohnen, Brotfrucht, Chouchous (ein grünes Allerweltsgemüse, das halb La Réunion überwuchert, aber sowohl einem Eintopf als auch einem schmackhaften Kuchen seine spezielle Note verleiht), Coeur de Boef, Combavas (=Limetten), Guyaven, Ingwer, die Jackfrucht (von weitem einer gigantischen Ananas mit Pickelhaut ähnlich), Karambolas, Kokosnüsse, Linsen, Litschis, Mangos, Maracujas, Orangen, Papayas, Pampelmusen, Stachelannonen, Schleimäpfel, Vanille, Zitronen, Zimtäpfel, Zucchinis. Dazu noch so „Banales" wie Fisch, Fleisch und Blumen. Wem da nicht das Wasser im Munde zusammenläuft, dem kann nicht geholfen werden! Nebenbei gibt es noch leckere frischgepresste Säfte aus fast all dem, was man dort erstehen kann. Die Essenz von La Réunion ist hier konzentriert!

Info: Der Grand Marché liegt am westlichen Ende der Haupteinkaufsstraße Rue Maréchal-Leclerc und hat täglich außer Sonntag ab 7 Uhr geöffnet. Der Petit Marché liegt am östlichen Ende derselben Straße (in zweiter Reihe, Ecke Rue Sainte Anne, daher nicht auf den ersten Blick zu sehen) und hat täglich außer Sonntag ab 9 Uhr offen, beide sind etwa einen Kilometer voneinander entfernt und somit ist ihr Besuch im Rahmen eines Stadtspaziergangs gut miteinander zu verbinden.

Ein grüner Innenhof, der von flachen Gebäuden mit gelb gestrichenen Mauern umgeben ist. An seiner Stirnseite ein Kirchenportal und ein zierlicher weißer Glockenturm. Es gibt einen kleinen Laden, der Instantkaffee und Snacks anbietet, Rennradfahrer stärken sich hier gerne, Touristen bekommt man eher selten zu Gesicht. Ein eigenartiger Ort, dessen Bedeutung sich erst durch seine Geschichte erschließt.

Im 19. Jahrhundert wüteten auf der Insel verschiedene Krankheiten, neben Pocken und Masern war auch Lepra verbreitet. Die Kranken wurden in Leprastationen isoliert. Der abgelegene Gebäudekomplex in Saint Bernard wurde 1854 und nach einem Brand 1856 erneut errichtet. Ordensschwestern betrieben das Haus und versorgten die Kranken, durch unregelmäßige Besuche von Fachärzten unterstützt.

Im 20. Jahrhundert, 1935, übernahm der schon 60jährige Pater Clément Raimbault, der zuvor auf Madagaskar gelebt und gewirkt und auch dort schon Lepröse betreut hatte, die Verantwortung für die Leprastation.

Hier widmete er sich neben seinem Amt als Pfarrer der Gemeinde fast ausschließlich den Leprakranken und versorgte und behandelte sie, obwohl er kein Arzt war.

Letztlich kümmerte er sich nach Schätzungen um bis zu 1200 Lepröse und 5000 Menschen insgesamt, die teilweise von weither zu ihm kamen, da es in ihrer eigenen Wohngegend keine vergleichbare Versorgung gab.

1948 zerstörte ein Jahrhundertzyklon die Station, tötete mehrere Ordensschwestern und verwundete auch den Pfarrer, der 1949 verstarb. Die Station existierte bis 1982 und beherbergte bis 1981 noch fünf Leprakranke.

Heute leben die Nachfahren der Bewohner im Dorf Saint Bernard. Der Pater ist auf dem Gelände in einem Mausoleum beerdigt und wird bis in die Gegenwart hoch verehrt.

Info: Im Innenhof gibt es einige Schautafeln, die die Geschichte der Station und das Leben und Wirken des Pfarrers ausführlich und anschaulich erläutern. Man erreicht die Station, die sich im hügeligen, waldigen Gebiet von „La Montagne" befindet, über die schöne, extrem kurvenreiche Straße D 41 von Saint Dénis aus.

Das Cap Noir ist einer jener Aussichtspunkte, von denen aus man ins Herz der Insel sehen kann: In einen der drei Cirques, der großen Krater, die von himmelhohen Felswänden voneinander getrennt und gleichzeitig durch ihre Grate miteinander verbunden sind.

Hier ist es der Cirque de Mafate, straßenlos, aus zahlreichen Hochplateaus (Ilêts) bestehend, die durch tiefe Schluchten voneinander getrennt sind. Die zerklüfteten Berge sind von Wäldern und Strauchwerk bedeckt. Die Ilêts sind von kleinen Siedlungen mit verstreuten, weiß und bunt leuchtenden Häusern überzogen.

Der phantastische Ausblick ist am frühen Morgen am ehesten zu genießen, da im Laufe des Vormittags oftmals dichte Wolkenschwaden hereinziehen und sich bis in die Nacht halten.

Wer Glück hat, wie der Autor dieser Zeilen, kann am frühen Abend im Wechselspiel aufreißender und sich wieder schließender Wolkendecke und wild umherziehender Nebelschwaden dabei zusehen, wie der länger werdende Schatten die Felswände am Rande und innerhalb des Kessels emporzieht und das warme Tageslicht allmählich verdrängt – während der Blick in die entgegengesetzte Richtung die fahle, durch den Nebel spitzende Sonnenscheibe erhascht, die im nächsten Augenblick schon wieder verschwunden ist.

Info: Der Aussichtspunkt liegt 2,5 km oberhalb des Bergortes Dos d' Ane (dorthin gelangt man auf der D 1 ab Le Port) und ist vom Parkplatz in etwa 10 Min. zu Fuß zu erreichen. Für geübte Wanderer ist der Weg zur Felsspitze La Roche Verre Bouteille und zurück oberhalb des Ortes Dos d' Ane ein echtes Spektakel. Dichter Bergwald in zerklüftetem Gelände auf steilem Pfad (mehrere Eisenleitern müssen passiert werden) und auf der anderen Seite der weite Blick über die Hügel bis zum Meer bei Le Port und La Possession, während vom tief unterhalb liegenden Dorf das Gackern der zahlreichen Hühner heraufschallt. 3 km, 320 Höhenmeter, aber 2,5 bis 3 Std. sind wegen der Wegbeschaffenheit zu veranschlagen. Keine Einkehr, also Wasser und Proviant mitnehmen.

Was unterscheidet den Strand von Boucan Canot von den anderen an der Westküste? Zunächst einmal ist er der am nördlichsten gelegene und markiert den Beginn der Lagunen, die durch die der Küste vorgelagerten Korallenriffe entstanden sind. Er selbst gehört noch nicht dazu, deshalb geht es hier etwas steiler ins Meer, Strömungen und die Brandung sind stärker und nur den abgegrenzten Bereich im Wasser darf man betreten.

Den feinen blütenweißen Sand allerdings gibt es auch anderswo. Touristen findet man weniger als die Einheimischen, die vor allem am Wochenende zum Picknick aufkreuzen (siehe auch 18.).

Die Strandbars? Die knallorangefarbene Sonnenscheibe, die erst die Gischt der Brandung golden leuchten lässt und dann – schwupp - im Meer verglimmt?

Der sanfte französische Reggae, der mit bunt leuchtenden Tischlampen den Rahmen setzt für Gruppen junger Menschen, deren Silhouetten am Strand im Rhythmus hin und her wiegen?

Die Abendbrise, die vom Meer herüberweht und mit zunehmender Dunkelheit kühler wird, bis hin zum ersten leichten Frösteln?

Dann kann man immer noch die nackten Füße im Sand vergraben, der knapp unter der Oberfläche von der Sonne noch warm ist und warten, bis die ersten Sterne am Himmel auftauchen.

Wahrscheinlich ist es das Zusammenspiel all dieser erlebten Elemente, die für den Autor den Strand von Boucan Canot zu einem ganz besonderen machen, zu *dem* Strand eben.

Info: Von Saint Paul kommt man am besten über die Landstraße N1A, die entlang der Küste nach Boucan Canot führt. Parkplätze sind im Strandbereich vorhanden. Es bietet sich an, durch den weichen weißen Sand einen Strandspaziergang zu machen. Es gibt mehrere Strandbars und Restaurants mit schönem Blick aufs Meer und schattigen Sitzgelegenheiten. Sie haben mittags und abends geöffnet und bieten Snacks ebenso wie Meeresfrüchte und Salate.

Während der Ort selbst von überschaubarem Reiz ist, lohnt ein ausgedehnter Bummel entlang der Hafenmole von Saint Gilles aus mehreren Gründen und zu verschiedenen Tageszeiten.

Neben mondänen Yachten dümpeln kleine Fischerboote und Kähne im seichten Wasser, Cafés und Restaurants verleiten zum Innehalten (die Wahl eines Tisches auf der Mole bietet ideale Gelegenheit zum People-Watching!), die Bauten der Bootsverleihe, Bootshäuser und Holzschuppen leuchten in prächtigen Farben: Insbesondere die Farbe Blau dominiert.

Blaue Fensterläden, Türen, Holztreppen, Wandfassaden mit hellblauen Fischen, aber auch Bootsrümpfe und Werbeplakate sind in Blau gehalten. Je nach Tageszeit leuchtet das Wasser blassblau bis kräftigblau, spiegeln sich blaue Boote auf blauer Oberfläche. Nach Einbruch der Dämmerung leuchten blaue Neonschilder als zitternde Spiegelung auf dem schwarzen Hafenwasser. Zuvor aber verwandelt der übliche Sonnenuntergang den Himmel in eine rotglühende Fläche, und während auf der Mauer des äußeren Hafenbeckens Fischer ihre Angeln ins Wasser halten, umrahmt von den Silhouetten der Bootskörper und in den Himmel ragenden Masten, weicht das kräftige Rot einem blasser werdenden Rosa, das sich schließlich in einem blauschwarzen Streifen am Horizont auflöst.

Spätestens dann ist es Zeit, sich bei einem Glas Weißwein einen entspannten Rückblick auf den vergangenen Tag zu gönnen. Chanté!

Info: Direkt am Hafen gibt es Parkmöglichkeiten.

Ein kulinarisches Highlight ist das kleine Lokal „Ti mahi mahi". Dort gibt es täglich frisch gefangenen Fisch (und wenn es keinen gibt, dann wurde an dem Tag eben keiner gefangen), z.B. als Tartar zubereitet, einfach grandios, aber auch Meeresfrüchtesalat und Sandwiches.

167 Rue du Générale de Gaulle, Dienstag bis Samstag von 11.30 bis 14.30 Uhr geöffnet, man kann nett draußen sitzen und der Service ist unaufdringlich freundlich; Tel. 0692/109066.

20

Schon mal von Antoine Sosthène d' Armand de Chateauvieux gehört? Der Adelige ließ sich auf der Flucht von Folgen der Französischen Revolution auf La Réunion nieder und erwarb 1857 das Grundstück Les Colimacons weit oberhalb der Küste im Hügelland gelegen. Er pflanzte Zuckerrohr, Geranium, Tee und Baumwolle und betätigte sich darüber hinaus als Architekt und Botaniker.

Seine eindrucksvolle Villa (die heute einen Museumsshop mit Boutique beherbergt), bildet das Herzstück eines weitläufigen Parks, in dem seit 1991 das Conservatoire Botanique National beheimatet ist. Diese staatliche Einrichtung hat die Aufgabe, die Pflanzenvielfalt der Insel zu bewahren und zu schützen. Bei immerhin 870 einheimischen Pflanzenarten, davon etwa 400 endemischen (nur hier vorkommenden) und 238 geschützten Spezies ist das eine durchaus umfangreiche Aufgabe.

Man betritt den Park über eine steile Steintreppe, die hinauf zur Villa führt. Dahinter beginnen mehrere thematisch geordnete Rundgänge, acht sind es mittlerweile. Neben 40 verschiedenen Sorten an Kaffeepflanzen gibt es einen eindrucksvollen Bambushain, eine Sammlung eingeführter (Nutz-) Pflanzen, zwei umfangreiche Orchideensammlungen, einen Bereich, der den typischen halbtrockenen Regenwald der Insel in etwa 400 m Höhe abbildet (dort leben auch Chamäleons, also Ausschau halten!), außerdem weitläufige Bereiche mit Palmen und Kakteen sowie anderen Sukkulenten. Die Wege sind verschlungen angelegt, an jeder Ecke kann man Neues entdecken, und so sind schnell mehrere Stunden vergangen, bis man das gesamte Gelände inspiziert hat. Der Park lohnt zu jeder Jahreszeit, denn irgendwas grünt und blüht immer, auch in den trockenen Wintermonaten Juli bis September. Und zum Schluss wartet die Einkehr im gemütlichen Restaurant-Café mit verwinkelten Räumlichkeiten und schönem Außenbereich.

Info: Auf der D 12 (Route des Colimacons) führen 7,5 kurvige Kilometer durch das Hügelland hinauf zum großen Parkplatz neben der schwarzen, aus lokalem Granit bestehenden Kirche Église de Sacré Coeur. Geöffnet täglich außer Montag von 9 bis 17 Uhr, Tel. 0262/249227, Eintritt 8 €.

Street Art in La Réunion fällt einem vielleicht nicht auf den ersten Blick auf. Deshalb hier der Rat, man möge es auf einen zweiten und dritten Blick ankommen lassen. In vielen Orten prangen an Mauern, Häuserwänden, auch an verlassenen ehemaligen Fabriken oder Industriegebäuden oftmals kunstvolle und teils großflächige Wandmalereien in den unterschiedlichsten Stilrichtungen.

Neben der einheimischen Künstlerszene zieht es vermehrt französische und internationale Sprayer auf die Insel. Dazu tragen eine hohe Akzeptanz der Sprayerszene ebenso bei wie der farbenfrohe und multikulturelle Bevölkerungsmix und die Vielzahl zur Verfügung stehender Flächen im öffentlichen Raum, darunter zahlreiche verlassene, verfallende historische Gebäude und Industrieruinen sowohl in Städten als auch in malerischer ländlicher Umgebung.

Während der bekannteste einheimische Künstler Jace, der zwar in Le Havre geboren wurde, aber schon lange auf der Insel lebt, vor allem durch seine kleinen orangefarbenen Figuren ohne Gesicht (gouzous), die er seit 1992 auf der ganzen Welt hinterlässt, bekannt wurde, hat sich der aus Nantes stammende Sprayer Ador in einem 423 Tage währenden Aufenthalt an zahllosen Orten der Insel verewigt und darüber ein Buch veröffentlicht, das derzeit leider vergriffen ist.

Beide bestechen durch einen prägnanten Stil, auch Ador hat typische Figuren kreiert. Bei ihm sind sie klein, rund und bestehen im Wesentlichen aus einem großen Kopf mit stechenden Augen und einer langen spitzen Nase.

Der Blick auf Wandgemälde eröffnet eine andere Perspektive des touristischen Entdeckens. Es macht Spaß, den Spuren der Sprayer zu folgen und ihnen unerwartet, wie z.B. an der Front eines asiatischen Ladens in St. Leu (Fotocollage auf der gegenüberliegenden Seite), wieder zu begegnen.

Info: Jace betreibt eine Galerie in Saint Pierre: The Gouzou Factory, Rue Marius et Ary Leblond 170, Tel. 0262/347880, www.gouzou.net. Ador kann man auf seiner Webseite www.ador.book.fr näher kennenlernen.

Die Seite www.streetart-reunion-island.com bietet einen schönen Überblick über die Vielfalt der Graffitiszene auf der Insel.

Der Platz am Rande einer Steilküste mit spektakulär zerklüfteten Felsen beeindruckt auf verschiedenen Ebenen.

Zum einen ist er einfach ein schöner Aussichtspunkt am Meer, um die schäumende, an die Felsen klatschende Brandung zu beobachten und währenddessen auf der zerklüfteten, schwarzem Lavaküste herumzukraxeln. Zum anderen steht hier das „Musée du Sel", das Salzmuseum. Seit 2015 werden mit Geldern der Region und der EU die historischen Salinen wieder hergerichtet. Ein Spaziergang entlang der flachen Becken, in denen Salzwasser verdunstet, bis nur eine weiße Salzkruste verbleibt, lohnt in jedem Fall.

Am Rande der Becken türmen sich malerische Hügel aus grobkörnigem Salz – irgendwie ist man ständig in Versuchung, hineinzulangen und ein paar Körner auf die Zunge zu legen, um die Echtheit zu überprüfen. In Kombination mit einem stahlblauen Himmel ergibt das ein paar tolle Fotomotive!

An einem wolkenlosen Mittag kann es hier aber auch ziemlich unwirtlich wirken, wenn die Sonne unbarmherzig herniederbrennt und die trockene, gelbbraune Vegetation um die Salzbecken noch ein Stück trostloser erscheinen lässt.

Dieser Ort war lange Zeit der einzige auf der Insel, an dem Salz produziert wird und auch früher schon wurde. Seit einigen Jahren gibt es eine weitere Saline bei Pierrefonds, wo auf einer Fläche von 6000 Quadratmetern bis zu 50 Tonnen Salz jährlich hergestellt werden.

An dieser Stelle wurde darüber hinaus für die Verarbeitung des Zuckerrohrs in Stella Matutina (siehe 09.) eigens ein künstliches Becken am Meer angelegt, aus dem Wasser zur Kühlung der Industriemaschinen in der oberhalb gelegenen Fabrik hochgepumpt wurde. Heute kann man darin schwimmen, sofern die Witterung das zulässt.

Info: Man erreicht den Pointe au Sel auf der Küstenstraße N1A. Er liegt gut 3 km südlich von Saint Leu.

Das Museum hat täglich außer Montag von 9 bis 12 und 13.30 bis 17 Uhr geöffnet und kostet keinen Eintritt.

Nur einen Katzensprung entfernt vom Pointe au Sel liegt das Fabrikgelände von Stella Matutina oberhalb der Autobahn, umgeben von Wohnvierteln und Kleingewerbe, wo früher Zuckerrohr wuchs.

Sie war eine von einst zahlreichen Zuckerrohrfabriken auf der Insel und im 19. Jahrhundert Garant für Arbeit und Auskommen für viele Menschen der Umgebung.

Heute gibt es nur noch zwei produzierende Fabriken, eine davon ist Bois Rouge (siehe 31.), die andere Le Gol im Süden der Insel.

Im immer noch eindrucksvollen mehrstöckigen Industriegebäude, in dem zahlreiche originale Maschinen ihren Platz behalten haben und das durch ein Gewirr aus Treppen und Plattformen spektakulär gangbar gemacht worden ist, wird neben der Geschichte der Zuckerproduktion auch auf die Entwicklung von La Réunion allgemein und die Geschichte und Bedeutung des Sklaventums eingegangen. Dieses wenig erfreuliche Kapitel der Inselgeschichte wird erst seit einigen Jahren kulturhistorisch und wissenschaftlich (Archéologie du Marronage) aufgearbeitet, insbesondere bezogen auf die Siedlungsspuren entflohener Sklaven im Inselinneren und ihre dortigen Lebensbedingungen.

Der Bereich neben dem Museumseingang besteht aus einer geräumigen Wiesenfläche mit Büschen, Sträuchern und verstreuten, rostenden, ehemaligen Teilen und Gerätschaften der alten Fabrik. Wer hier ein wenig Zeit verbringt, wird zahlreiche umherwuselnde und sich auf Felsen und Mauern wärmende Echsen beobachten können – an keinem anderen Ort auf der Insel war das für den Autor so entspannt und mit so wenig Aufwand möglich.

Info: Das Museum liegt im Ortsteil Piton St. Leu (gut ausgeschildert), zu erreichen auf der D11. Geöffnet täglich außer Montag von 9.30 bis 17 Uhr, letzter Einlass 16.15 Uhr (nach 15.30 Uhr lohnt es sich kaum noch, weil dann die Zeit nicht reicht). Es gibt einen kleinen Shop mit typischen réunionesischen Andenken und Produkten. Eintritt 9 €, ermäßigt 6 €, 6 Allée des Flamboyants, Piton St. Leu, Tel. 0262/345960, www.museesreunion.fr.

Le Bourbon Pointu. Schon mal gehört? Nein? Das ist keine Schande, denn dieser Kaffee ist so rar wie teuer. Er entstammt dem Jahrhundert des Kaffeeanbaus auf der Insel, der etwa 1715 begann und nach mehreren schweren Zyklonen 1806/07 mit der Zerstörung fast aller Plantagen sein jähes Ende fand. 1771 entdeckte man diese kleine rote Kirsche, die aus einer Mutation des arabischen Kaffeestrauchs entstanden war. Heute gibt es etwa 100 Familienbetriebe, die sie wieder anpflanzen. Nachdem im Jahre 2001 eine Delegation Japaner mit offenkundigen historischen Detailkenntnissen über die Existenz der Sorte auf der Insel auftauchte und nach der Kirsche suchte, entfaltete sich ein kleiner Hype um das seltene Gewächs. Geerntet wird von Hand. Der Koffeingehalt ist nur halb so hoch wie in einer üblichen Arabica-Bohne, zum Geschmack unten mehr. Der Preis für ein Kilogramm Bourbon Pointu beträgt bis zu 400 €, in Japan kostet eine Tasse in einer Edelbar bis zu 50 €.

Die Domaine du Café Grille ist einer der Anbaubetriebe des Bourbon Pointu. Zugleich gibt es hier einen wunderschönen botanischen Garten mit zahlreichen Zier- und Nutzpflanzen, irgendetwas blüht immer. Auf einer Führung durch den Garten erfährt man zahllose Anekdoten und Hintergründe zu Fauna, zur Kultur und Geschichte der Insel.

Anschließend kann man im gemütlich gestalteten Café-Shop eine Kleinigkeit essen, Andenken erstehen und, natürlich, eine Tasse Bourbon Pointu verkosten. Der Preis ist mit 3 € moderat, der Geschmack, nun ja, fruchtig, mild, auf jeden Fall anders als ein italienischer Espresso. Was man in keinem Fall tun sollte: Zucker oder Milch beigeben!

Info: Die Domaine du Café Grille liegt südwestlich der RN 1 in Pierrefonds unmittelbar am nördlichen Ende des Flughafens. Geöffnet täglich außer Montag von 9.30 bis 17 Uhr, letzter Einlass 16 Uhr. Führungen 10.30 und 14.30 Uhr, Sonntag 10.30 und 15 Uhr (unbedingt zu empfehlen, sofern man gut französisch spricht, Dauer über 2 Std.), Eintritt 7 €, ermäßigt 3.50 €, 10 Allée Cèdres, Pierrefonds, Tel. 0262/241540, www.domaineducafegrille.fr.

„Entre deux" bedeutet „zwischen Zweien", und diesen Namen trägt das angeblich schönste Dorf der Insel zu Recht, denn es liegt auf einem Geländesporn zwischen den Schluchten der zwei Flüsse Bras de Cilaos und Bras de la Plaine. Nördlich des Ortes steigen die steilen, bewaldeten Flanken des Dimitile an, des Gebirgszuges, der den Cirque de Cilaos (siehe 12.) im Süden begrenzt und ein bis auf 2000 m Höhe reichendes Wandereldorado darstellt.

Der für lange Zeit isolierte Flecken wurde mit dem Beginn des Kaffeebohnenanbaus 1715 besiedelt. Auch heute wird hier (wieder) Bourbon Pointu (siehe 10.) angebaut.

Das verschlafen wirkende Dorf erkundet man am besten vom Tourismusbüro aus, wo es einen großen Parkplatz gibt und einem ein praktischer Ortsplan ausgehändigt wird, auf dem ein Rundgang zu den historischen, kreolisch geprägten Holzhäusern verzeichnet ist.

Tatsächlich finden sich noch Dutzende dieser meist einstöckigen, in grellen Farben gestrichenen und mit vielerlei Ornamenten verzierten Gebäude mit ihren geräumigen, überdachten Veranden, die am oberen Ende mit Zierleisten (lambrequins) geschmückt sind.

Manche sind frisch renoviert, sehr gepflegt und augenscheinlich bewohnt. Andere verfallen leise vor sich hin, mit blätternden Farben und allmählich zuwuchernden Gärten. Ob sie dauerhaft bewohnt oder als Ferienhaus benutzt oder gar verlassen sind, schwer zu beurteilen. Gerne wüsste man, welche Geschichten sie zu erzählen haben. Farbenfroh sind sie alle auf ihre Art, Blüten und blühende Sträucher verleihen den Gebäuden einen würdigen, fröhlichen Rahmen.

Info: Man erreicht den Ort, indem man von der N1 in Pierrefonds auf die D 26 landeinwärts abbiegt und über die Brücke des Bras de la Plaine und dann noch ein kurzes Stück bergan fährt. Das Tourismusbüro, ebenfalls ein traditioneller kreolischer Bau, befindet sich in der Rue Fortuné Hoarau 9, Tel. 0262/396980, geöffnet täglich außer Sonntag 8 bis 12 und 13.30 bis 17 Uhr. Der Rundgang durch den Ort dauert knapp eine Stunde, wenn man sich Zeit lässt. Es sind auch Führungen möglich, Tel. 0692/368925, www.ot-entredeux.com.

Ob irgendjemand die Kurven einmal gezählt hat?

Ich hatte es mir vorgenommen, wie vermutlich Unzählige vor mir. Die 37 km vom Meer bis auf 1200 m führen durch Schluchten, zwischen Felswänden hindurch, auf Passhöhen, durch mehrere einspurige Tunnels. Und Engstellen an der Straße gibt es auch. Da heißt es rechtzeitig entscheiden, ob man reinfährt oder wartet. Jede Stunde fährt ein Linienbus in beide Richtungen, dazu der eine oder andere LKW. Diese hört man meist von weitem am pausenlosen Gehupe. Da sich aus der Lautstärke aber nicht erschließt, wie weit die Gefahrenquelle noch entfernt ist, hilft das nur bedingt.

Serpentine um Serpentine geht es hinauf und hinunter. Etwa in der Mitte macht die Straße einen eigenartigen Bogen mit einer Brücke. Diese Stelle, französisch „le boucle", markiert den Treffpunkt der beiden Bauabschnitte. Denn die Straße wurde von oben und von unten gleichzeitig zu bauen begonnen. Die Ingenieure hatten sich um ein paar Meter verrechnet, so dass die Straßenenden nicht zusammenpassten. Das Malheur würde durch den boucle halbwegs elegant gelöst.

Wenn man nicht gerade schaltet oder am Lenkrad kurbelt, gönnt man sich einen schnellen Seitenblick auf die spektakulären Panoramen. Erste grüne Felder leuchten bei Palmiste Rouge (mehr gibt es dann in Cilaos, Bras Sec und in Ilêt a Cordes): Hier werden die hervorragenden, festen, kleinen Linsen von Cilaos angebaut.

Wenn man schließlich nach gut einer Stunde oder etwas mehr das Ortsschild von Cilaos passiert, ist eine gewisse Ernüchterung (Was? Schon vorbei?), zu spüren.

Die 400 Kurven sind halt doch ein Phänomen, das den Puls höher schlagen lässt und die Serotoninproduktion ankurbelt. Apropos: Ob es wirklich 400 sind, weiß ich natürlich auch nicht. Etwa bei 47 hatte ich aufgehört zu zählen. Sonst hätte ich vielleicht noch was verpasst.

Info: Die Linsen gibt es in den Läden von Cilaos, auf dem sonntäglichen Markt und bei der lokalen Anbaugemeinschaft APLC, Rue du Père Bateau, Place du Marché couvert, Montag bis Freitag (Mittwoch geschlossen) 8 bis 12 und 13 bis 16 Uhr, Tel. 0262/316128.

Wandern in den Cirques ist ein besonderes Naturerlebnis, aber auch anstrengender, als man beim Blick auf die Karte zunächst denkt. Denn es geht ständig rauf und runter, die Wege sind steil, oft mit lockerem Geröll bedeckt und schmal, manchmal auch nahe am Abgrund.

Dafür wird man immer wieder mit unerwarteten, spektakulären Naturschauspielen überrascht. So auch am viel begangenen Wanderweg GRR2, der von Cilaos vorbei an den verfallenen alten Thermen (der Ort war im 19. Jh. ein vielbesuchtes Thermalbad) in die Schlucht des Bras des Etangs führt.

Durch teils dichten Wald steigt man bergab, bis man in die quer verlaufende Schlucht des Bras Rouge gelangt. Der Weg führt, so scheint es, wenig aufregend über Steine und Felsplatten über das Bett des gleichnamigen Flusses, eine türkisgrüne Gumpe leuchtet in der Sonne.

Links vom Weg jedoch verengt sich der Wasserlauf bis hin zu einem Abgrund, den man auf breitem, aber relativ glatten Fels erreichen oder ihm zumindest nahekommen kann. Es ist klar: Da geht es senkrecht nach unten, nur sieht man leider nichts, obwohl die Geräuschkulisse beachtlich ist.

Am Weg ein paar Schritte zurückgehen und am flussabwärts linken Rand der Schlucht über einen kleinen Bachlauf und einige Steine kraxeln bringt die Erleuchtung bzw. den freien Blick: Der Wasserstrahl schäumt in hohem Bogen über den Abgrund hinaus etwa 50 m in die Tiefe, um unten angelangt zwischen Geröll und Gebüsch weiter seinen Weg nach Süden zu suchen. Es ist ein lärmender, rauschender, perfekter weißer Vorhang, der immerzu in Richtung Bühnenboden fällt, ohne dass die Vorstellung jemals endet. Ein magischer Ort mitten im Schluchtenlabyrinth des Kessels von Cilaos.

Info: Von Cilaos zum Wasserfall sind es 45 Min., zurück ist es eine Stunde (300 Höhenmeter). Eine Rundtour führt weiter oberhalb der westlichen Hangkante der Schlucht, kreuzt die Straße nach Ilêt a Cordes und führt auf abschüssigem Hangpfad weiter über das blaue Becken des Bassin Bleu zurück nach Cilaos, insgesamt 5,5 Std., 680 Höhenmeter, eine schöne Tagestour, allerdings ohne Einkehrmöglichkeit.

Um den wirklichen Überblick über La Réunion zu haben, muss man nicht unbedingt auf den höchsten Berg steigen, aber erst einmal die Straße der 400 Kurven nach Cilaos bewältigen und dann noch ein Stück weiterfahren Richtung Bras Sec.

An einer Kurve zweigt eine holprige Teerstraße nach links ab. Sie führt 1 km in Serpentinen durch den Wald und endet an einem Parkplatz. Es geht zu Fuß ein paar Treppenstufen empor.

Unvermittelt steht man auf der kleinen Aussichtsplattform des Roche Merveilleuse, des bezaubernden Felsens. Er trägt seinen Namen wahrlich zu Recht. Auf Augenhöhe mit flechtenbedeckten Baumwipfeln, an drei Seiten von den senkrecht aufragenden, teils bewaldeten Steilwänden des Cirque de Cilaos bekränzt.

Nach Süden öffnet sich der Blick auf die bunten Häuser und die umgebenden Felder (meist Linsen) von Cilaos. Dahinter lässt der Ausgang aus dem Cirque den Blick aufs blaue Meer zu, sofern nicht die dräuenden, stets ab Vormittag hereindrängenden Wolkenschwaden die Sicht versperren.

Alles in Allem ist dies einer der schönsten, weil unerwarteten und bequem zu erreichenden, dabei vergleichsweise wenig überlaufenen Panoramaorte der Insel. Die gute Erreichbarkeit ist übrigens ein großer Vorteil bei Nacht. Mehr als eine Taschenlampe benötigt man nicht, um nach einem tastenden Aufstieg dem Lichtermeer des Ortes und seiner tausendfachen Spiegelung am Firmament zuzusehen, umgeben von leise raschelnden Baumwipfeln und den schwarzschattigen Konturen des Kraterrandes. Kühl kann es werden, aber zeitgleich mit dem ersten Frösteln saust eine Sternschnuppe herab.

Info: Am Parkplatz gibt es einen überdachten Picknickplatz, die eine oder andere Übernachtung dürfte hier schon stattgefunden haben. Auf der Plattform verweisen Infotafeln auf die dramatische Besiedelung des Cirques, dessen Wildnis für viele Jahrzehnte Unterschlupf entflohener Sklaven war, über deren Verfolgung durch grausame Jäger und eigenes Reich im Inselinneren es viele Geschichten gibt, die erst seit wenigen Jahren systematisch erforscht werden (siehe 09., der entstandene Wissenschaftszweig nennt sich „Archéologie du Marronage").

Schon die Anfahrt ist ein Erlebnis für sich. Vom Meer hinauf durch den schluchtartigen Eingang des Cirque de Salazie, auf kurviger Straße durch zerklüftete Felslandschaft und dann immer am nördlichen Kesselrand entlang unterhalb der mächtigen Wand des Berges Cimendef, das letzte Stück durch prächtigen Wald, schon mit ersten Ausblicken in den wilden Kessel von Mafate.

Auf breitem Schotterweg geht man in knapp einer halben Stunde hoch zum Pass Col des Boefs, immerhin 1960 m hoch. Am Straßenrand staubige Autos - sie gehören den Bewohnern von Mafate. Zur Linken der raumgreifende Blick auf den Kessel von Salazie mit dem spitzen Zacken des Piton d'Anchaing in der Mitte. Vor uns im Süden die grün überwucherte Ostflanke von Gros Morne und Piton des Neiges, letzterer höchster Berg der Insel (dahinter verbirgt sich der Kessel von Cilaos).

Am Pass angelangt: Ein paar zerbeulte und beschmierte Metallcontainer. Ein grandioser Blick in den Cirque de Mafate mit der Plaine des Tamarins, der Hochebene der Tamarinden, die an Wochenende von einheimischen Familien mit umfangreichem Picknickequipment bevölkert wird. In der Ferne die bunten Häuser von Marla, dahinter der mächtige Kraterrand mit dem Maido, dem berühmten Aussichtspunkt von der Westseite. Und alle paar Minuten flattert ein neugieriger kleiner Tec-Tec vorbei, pausiert auf dem Passhöhenschild, guckt einen mit schiefgelegtem Kopf an – und fliegt weiter.

Die Container dienen zur Lagerung von Transportmaterial. Der Hubschrauber, der die Bewohner von Mafate nach ihren Großeinkäufen zurück nach Hause fliegt, startet und landet hier, eher lästiger Alltag für die Einheimischen, für die jede Besorgung gleich zu einem abenteuerlichen Tagestrip wird.

Apropos Tagestrip: der Pass ist beliebter Startpunkt für Tagestouren in den Kessel, z.B. zum Weiler La Nouvelle. Die 300 Höhenmeter bis zum Tamarindenwald geht es steil nach unten und folglich zum Schluss jeder Tour steil wieder hinauf.

Info: Von Saint André bis zum Pass sind es etwa 1,5 Std. Fahrzeit. Um in den Kessel von Mafate zu wandern (es gibt mehrere Optionen für Tagestouren), sollte man spätestens um 8 Uhr morgens am gebührenpflichtigen Parkplatz sein.

Der Cirque de Mafate ist für alle Mehrtageswanderer das perfekte Ziel. Abwechslungsreiches Auf und Ab durch dichte Wälder, steile Schluchten, spektakuläre Ausblicke an jeder Wegesecke – Wandererherz, was willst Du mehr? Ein besonderer Ort im Herzen des Kessels ist der Wasserfall Cascade les Trois Roches, schon in der Trockenzeit schön anzuschauen, ist er nach Regenfällen ausgesprochen spektakulär. Allerdings bezieht der Platz seinen Charme aus der Tatsache, dass man hier gefahrlos den Fluss überqueren und es sich auf den von der Sonne vorgewärmten Felsen gemütlich machen kann, und das geht nur bei niedrigem Wasserstand und sicherer Wetterlage.

Die Rivière des Galets, einer jener Flüsse, die im Laufe der Jahrmillionen tiefe Schluchten in die felsige Oberfläche des Inselinneren gegraben haben, fließt hier, von der Plaine des Tamarins kommend, erst gemächlich durch ein breites Felsplateau, ehe sie unvermittelt in einen schmalen, etwa 30 m tiefen Abgrund stürzt, um unterhalb weiter ihren kurvenreichen Weg durch den Kessel von Mafate fortzusetzen, der letztlich südlich von Le Port im Meer endet. Großfamilienpicknick, Wandergruppenstopp, Kinderplantschen im kühlen Wasser oder einfach nur ein Nickerchen machen, all das umgeben von himmelhohen Felswänden, gekrönt von einem azurblauen Himmel (das ist zumindest der optimale Zustand).

Nur wenige Meter nördlich in Richtung Roche Plate befindet sich am linken Wegesrand die originelle Tisanerie (Teestube) Les Trois Roches, im Grunde eine originell zusammengezimmerte Hütte mit geräumigem Vordach inmitten blühender Bäume und Sträucher. Dort gibt es leckere Crêpes und eine hervorragende Zitronenlimonade, Wände und Holzdach sind mit allerlei Fahnen und Andenken aus aller Welt geschmückt - ein Beleg dafür, dass dieser Ort bei aller Abgeschiedenheit doch ziemlich international ist.

Info: Zu erreichen ist der Wasserfall entweder von Marla oder von La Nouvelle aus (Achtung: Vom Col de Boeuf ist das an einem Tag nicht zu schaffen!), jeweils im Rahmen einer gemütlichen Tagestour.

In Mafate gibt es keine Straßen. 600 Menschen leben auf einem Dutzend Hochflächen - genannt Ilêts - verteilt, in bunten Wellblechhäusern. Sie halten Hühner, Kühe, Ziegen, Rehe, Enten, Gänse, bauen Gemüse an und ernten die Maracujas, Mandarinen, Orangen, Guyaven und was da sonst noch so wächst. Viele haben sich der Vereinigung der Hütten von La Réunion angeschlossen. Sie bieten Kost und Logis zu moderaten Preisen für die zahlreichen Rucksackwanderer.

Der Müll wird mit dem Helikopter abtransportiert, und was man zum Leben braucht und nicht hat, wird damit gebracht. In den Orten gibt es meist eine Bar, kombiniert mit kleiner Auswahl an Dingen des täglichen Bedarfs. Keinesfalls fehlen darf das Bière Bourbon, das Bier von La Réunion. Jeder Wanderer, der etwas auf sich hält, beschließt seine Tagesetappe mit einer kalten Flasche davon.

Marla ist der höchstgelegene dieser Orte (1600 m), seine Häuser sind besonders bunt und weit verstreut, und man hat einen besonders schönen und weiten Blick bis hin zum Meer bei Le Port. Es gibt zahlreiche Unterkünfte, wobei der Unterschied zwischen den schlicht gekleideten, zurückhaltenden Einheimischen und den mit Riesenrucksäcken und teurem Sportequipment ausgestatteten, redseligen Wandertouristen schon ins Auge sticht.

Man erreicht Marla in der Regel im klaren Licht des späten Nachmittags. Es dauert nicht lange, bis die Sonne hinter aufziehenden Nebelschwaden verschwindet und eine erstaunliche Kälte in wenigen Minuten durch Jacke und Hose kriecht und selbst die Hartgesottenen in die Hütten und unter die Bettdecke treibt. Bis frühmorgens die zahllosen Hähne den neuen Tag begrüßen und erstes Sonnenlicht vereinzelten Raureif auf braunen Gräsern zum Glitzern bringt.

Info: Vom Col des Boeufs bis nach Marla sind es 2,5 bis 3 Std., von Roche Plate sind es 5 Std. Da es ständig rauf und runter geht, bei Sonne sehr heiß werden kann und die Wege steil, steinig und mit losem Geröll bedeckt (und bei Feuchtigkeit rutschig sind), sind vorsichtiges Gehen, ausreichend Wasser und genügend Pausen einzuplanen. Im Zentrum von Marla gibt es ein Restaurant, eine Grundschule, einen Laden und eine Kirche.

Sonntag Vormittag: Schon von weitem hängen würzige Rauschschwaden in der Luft. Der Rauch steigt auf von den zahlreichen, betonierten Grillstellen, die zwischen den sorgfältig angelegten Wegen und Treppenstufen auf dem schrägen Gelände platziert sind. Fleischberge, transportiert in blauweißen Kühlboxen, werden da zubereitet oder warten darauf, an die Reihe zu kommen. Campingstühle jeglicher Farbe und jeglichen Alters, im Halbkreis aufgestellt im Schatten ausladender Bäume. Kinder tollen dazwischen umher und bespritzen ihre Väter mit Wasserpistolen. Französischer Reggae dröhnt aus mobilen Boxen. Tätowierte Jungspunde prosten sich mit Bourbon-Bier zu. Weiter vorne Richtung Strand haben es sich kreolische Großfamilien zwischen den mächtigen Stämmen windschiefer Palmen bequem gemacht und begutachten die immerwährende Brandung mit ihren gewaltigen meterhohen Brechern, deren auslaufende Schaumkronen am Strand die Kinder kreischend die Flucht ergreifen lassen.

Hunderte geben sich hier der sonntäglichen Lieblingsbeschäftigung hin: dem Picknick im Kreise Ihrer Lieben. Manch einer packt erst zusammen, wenn die Dämmerung hereinbricht.

Montag morgen: Die Straße ist um 8 Uhr menschenleer. Nur das Tosen der Brandung dringt durch den Blätterwald. Säuberlich aufgereiht lehnen volle schwarze Müllsäcke neben den Abfalleimern. Die ganzen Überreste des sonntäglichen Picknicktreibens sind darin vergraben. Auf den großen, betonierten Gemeinschafts-grills sind ein paar Aschehaufen verblieben und ein Stück Baguette, an dem sich eifrige Spatzen versuchen.

Ein paar Jogger sind unter den Palmen unterwegs, außerdem wenige Touristen, die sich gegenseitig im Angesicht der tobenden Wellenkämme fotografieren. Warmes Sonnenlicht beleuchtet die Rillen der Palmstämme. Die Palmwedel werfen lange Schatten in den weißen Korallensand bis hin zur Wassergrenze. Kleine weiße Krebse buddeln eifrig Höhlen in den Sand, bis die nächste Welle die Behausung zerstört und das Ganze von Vorne beginnt.

Info: Gut ausgebaute Zufahrt von der N 2 zwischen Saint Pierre und Saint Joseph.

Es ist so eine Sache mit dem Baden auf der Insel.

Traumstrände gibt es zuhauf (siehe auch 04. Boucan Canot oder 18. Grande Anse), aber sie sind wegen Strömung oder Brandung oder Haien oder allem zusammen zum Baden ungeeignet. Ins Wasser rein darf man nur da, wo die von Korallenriffen geschützten Lagunen es zulassen, was vor allem an der Westküste der Fall ist. Und da ist es so flach, dass man eher wasserwandert als schwimmt.

Schnorcheln und Stand-Up-Paddling sind Alternativen, Tretboote lassen sich ebenfalls mieten.

Das ist insgesamt ein entschleunigtes Meereserleben und in der Kombination mit dem feinen Sand und einem unglaublich orangeroten Sonnenuntergang ein paradiesisches Erlebnis, aber doch nicht ganz dasselbe wie die Südsee.

Baden lässt sich auch in einigen mit Natursteinen abgegrenzten Becken, besonders reizvoll ist das in Manapany les Bains an der Südküste der Insel möglich. Da klatschen die Wellen mächtig gegen die Abgrenzung und bringen genug Schwung und viele kleine Fische in das Becken hinein, so dass man sich fast fühlt wie im offenen Meer. Es ist tief genug, um ein paar Bahnen zu schwimmen. Es gibt sogar rudimentäre Umkleiden und Duschen sowie Ablagemöglichkeiten für Handtuch und Badetasche, das Wasser ist blau, Kardinalvögel ziehen ihren langen weißen Schweif durch die Aufwinde über der Bucht.

Und nach dem Bad lockt „Chez Jo" mit unvergleichlichem gelb dominierten Plastikambiente und Geschirr, aber einer phantastischem kreolisch-maritimen Küche, leckeren Samoussas und einem gut gekühlten Bière Bourbon alias Dodo.

Info: Langgezogene Zufahrtsstraße, die am westlichen Ortseingang von der Hauptstraße abzweigt. Vereinzelt schon am Straßenrand Parkmöglichkeiten, vorne gibt es zwei größere Parkplätze. Diese sind am Wochenende und in den Ferien allerdings schon am Vormittag besetzt. Öffnungszeiten Chez Jo: Täglich außer Mittwoch von 10 bis 17 Uhr, Freitag und Samstag auch von 18 bis 21 Uhr, 101 Boulevard de l' Océan, Manapany, Tel. 0262/314883.

Ein tiefgrünes Becken, umrahmt von schwarzem Fels, über das rauschend und plätschernd zahllose weiße Streifen in endloser Bewegung herabfließen: Das ist sicher einer der schönsten Wasserfälle der Insel, selbst im réunionesischen Winter immer noch ein eindrucksvoller Ort.

Der Ausflug dorthin bietet eine ganze Fülle von Sehenswürdigkeiten: Gleich zu Beginn des schmalen Tals von Languevin befindet sich eine Abgabestelle von Zuckerrohr. Anschließend führt die holprige Straße immer tiefer hinein in das von steilen, dicht bewaldeten Wänden begrenzte Tal. Im hinteren Teil wird die „Route de Languevin" richtig schmal und steil und ist deshalb auch nur tagsüber geöffnet. Kurz vor der Cascade Grand Galet gibt es zur Rechten mehrere Parkmöglichkeiten. Wenige Schritte unterhalb der Straße fließt die Rivière über einen mehrere Meter hohen Stufe in ein tiefschwarzes Becken und bahnt sich in der Folge durch mehrere Gumpen zwischen den grauen Felsen hindurch den Weg Richtung Meer. Hier ist ein beliebter Spot für Canyoning-Touren und zugleich ein malerischer Platz für ein Picknick – wenn man Glück hat, werden frische Kokosnüsse verkauft. Mit der Machete wird oben ein Stück abgeschlagen, Strohhalm rein – und fertig ist der „Cocktail Grand Galet".

Ab hier zu Fuß noch ein kurzes Stück die steile Straße hinauf, und man steht vor dem eingangs beschriebenen Becken. Instagram lässt grüßen!

Wer Zeit mitbringt, geht zu Fuß über ein paar steile Serpentinen bergan, bis er ein paar Häuser erreicht. Die Route de Languevin führt durch den langgezogenen Ort mit flachen Häusern, großen Gärten und viel blühender Vegetation. Am Ortsende geht es auf einem schmalen Pfad Richtung Cap Blanc, dichte grüne Vegetation, nach etwa 15 Min. erreicht man das breite, mit Geröll gefüllte Flussbett des Languevin (ab Parkplatz 45 min.), in der Trockenzeit fließt das Wasser hier unterirdisch. Man sieht im Norden das sich verjüngende Tal, das nach einem extrem steilen, felsigen Abschluss in die Plaine de Sables unterhalb des Piton de la Fournaise mündet – von hier aus ein mehrstündiger Aufstieg über 1300 Höhenmeter!

Info: Von der N2 in Languevin auf die Rue de la Passerelle, immer taleinwärts!

Der „Garten der Düfte und Gewürze" trägt seinen Namen zu Recht: Der Hobby-Botaniker Patrick Fontaine hat hier auf dem fruchtbaren Boden eines 300 Jahre alten Lavastroms eine Fülle endemischer und eingeführter Pflanzenarten zu einem phantastischen botanischen Garten, dem schönsten und wertvollsten der Insel, zusammengeführt.

Neben Arten zur Parfümgewinnung wie Geranium, Ylang-Ylang und Vetiver finden sich Vanille, Zimtbäume, zahlreiche Orchideen – an jeder Ecke, hinter jedem Baumstamm entdeckt man eine neue Blüte, eine neue Farbe, eine neue Ranke, alles durchzogen und umhüllt von unglaublich dichtem blättrigen, faserigen, grasigen, farnigen Grün.

Eine undefinierbare Mischung aus Düften und Gerüchen liegt in der Luft, mal süßlich, mal würzig, mal...keine Ahnung was.

In jedem Fall ist das Gelände, das zum geschützten Wald von Mare Longue (siehe 22.) gehört, eine wahre Wundertüte.

Erklärende Schautafeln sucht man vergebens, da die Pflanzen je nach Saison ihren Standort verändern können – der Garten soll von menschlichen Eingriffen weitgehend verschont bleiben und sich entwickeln, wie die Natur es eben will.

Zur Visite des Gartens braucht es gar nicht unbedingt schönes Wetter, denn in feuchtem Nebel oder einem Regenschauer entwickelt der Ort eine zusätzliche, intensive Magie, kleine Wassertropfen an großen Blättern, bunten Kelchen, überall tropft, raschelt, plätschert es. Faszinierend!

Am Eingang gibt es in einer kleinen Boutique Parfüms, Tees, Vanille, Gewürze und Seifen zu kaufen.

Info: Von der RN2 führt die beschilderte Route Forestière Mare Longue etwas holprig zum Parkplatz des Jardin (wenn man weiterfährt, gelangt man direkt zum Rundweg des Forêt de Mare Longue, siehe 22.).

Der Garten ist täglich von 9 bis 17 Uhr geöffnet, Eintritt 5 €, Führung 6,10 €, Führungen täglich um 10.30 Uhr und 14.30 Uhr, Dauer ca. 1,5 Stunden, Tel. 0262/370637, www.jardin-parfums-epices.com.

Es gibt nicht mehr viele Gebiete mit Primärregenwald auf der Insel, die größten sind die Wälder von Bébour und Belouve (siehe 26.).

Ein relativ kleines Gebiet (70 ha) ist der Wald von Mare Longue, ein feuchter tropischer Flachregenwald nur wenig über Meereshöhe gelegen. Er ist einer der letzten übrigen Vertreter des typischem maskarenischen Waldes in dieser Höhenlage. Der fruchtbare Lavaboden, auf dem er gedeiht, führt zu einem dichten Bewuchs schon in Bodennähe, und auch vom Himmel fällt nur wenig Licht in den Wald. Bereits 1958 zum Naturreservat erklärt, ist er seit 2010 Teil des Unesco-Weltkulturerbes La Réunion. Mehrere Pfade führen durch den Wald, der zwischenzeitlich in Teilen bewirtschaftet wurde, nunmehr aber wieder sich selbst überlassen wird (die Unterschiede sind deutlich während der Wanderung zu sehen, der untere Teil ist der Ursprünglichere, im oberen Teil erobert die Vegetation erst wieder die Lücken und dicke Baumriesen fehlen ganz).

Es geht beständig über Stock, Stein und dichtes Wurzelwerk. Besonders im unteren Teil beeindrucken mächtige, bemooste Baumstämme, teil bewachsen von Epiphyten, Luftwurzeln ranken sich empor ins Nichts oder verbinden sich zu eigenem Flechtwerk. Am Boden wachsen Farne aller Größen und Formen, abgestorbene Baumstämme modern dicht bemoost und begrünt vor sich hin.

Besonders eindrucksvoll (wie bei 21.) ist der Besuch des Waldes bei schlechtem Wetter oder Nebel (allerdings ist der Weg dann glitschig und erhöhte Vorsicht geboten!). Selbst am helllichten Tag hat man dann das Gefühl, sich in ewiger Dämmerung zu bewegen – ein düsteres Ambiente, das nur vereinzelt von Vogelgezwitscher aufgehellt wird.

Info: Die Zufahrt ist die Gleiche wie zum Jardin des Épices (21.), nur bleibt man auf der Route Forestière, bis man zu einem weiteren Parkplatz mit Picknickbänken gelangt (etwa 2 km oberhalb des Jardin). Ab hier führt der gut ausgeschilderte Pfad auf einem 2 km langen Rundweg durch den Wald. Da es viel zu sehen gibt und der Pfad sehr holprig ist, werden 1,5 bis 2 Std. veranschlagt (die hat der Autor auch benötigt, die ganzen Fotopausen sind da nur zum Teil mit eingerechnet).

Einer der interessantesten geologischen Spots befindet sich im Südosten von La Réunion, zwischen den zwei Landspitzen Pointe de la Table und Puits des Arabes. Ein gewaltiger Ausbruch des Piton de la Fournaise im Jahre 1986 verformte die Küste auf einer Länge von 1,5 km und schob sie, als erstarrter Lavastrom, am Pointe de la Table 200 m ins Meer hinein. Seither hat sich die Landschaft durch die gewaltige Kraft der Brandung, die spektakuläre Steilabbrüche und feinen schwarzen Sand formte, ebenso verändert wie durch die zahlreichen Pflanzen, die sich auf der fruchtbaren Lava nach und nach wieder ansiedelten.

Beide Landspitzen sind durch einen spektakulären Wanderweg miteinander verbunden. Man spaziert durch neu entstandenen Niedrigwald ebenso wie über dichtes Gras und Moose, unterbrochen von spitzkantigen, schwarzen Lavafeldern späterer Ausbrüche.

Vielerorts hat die erkaltende Lava miteinander verflochtene, halbrunde Stränge ausgebildet, die aussehen wie ein gigantischer Zopf. Deshalb wird diese Form auch Zopflava genannt. Immer wieder führt der Weg an die Steilküste, die mancherorts bis zu 20 Meter hoch ist und beeindruckende Ausblicke auf die heranrollenden Brecher ermöglicht. Insbesondere in der Nähe des Puits des Arabes haben Wanderer zahllose Männchen aus Lavastücken in die zerklüftete schwarze Ebene gestellt – ein hübsches Fotomotiv inmitten einer Küstenlandschaft, die, nach erdzeitlichen Maßstäben, erst vor Sekundenbruchteilen entstanden ist.

Info: Von der RN 2 gelangt man zu beiden Landspitzen. Zum Pointe de la Table (Parken an der RN2) läuft man auf einem Forstweg durch Niedrigwald (15 min.). Hier gedeihen Vanillepflanzen privater Produzenten, die sich entlang der Baumstämme emporranken – das erklärt, warum überall „Betreten verboten"-Schilder an den Bäumen hängen und, allerdings lückenhafte, Zäune das Areal schützen.

Zum Puits des Arabes kommt man mit dem Auto, da dort ein Picknickplatz zur Rast einlädt. Der beide Punkte verbindende Pfad ist 2,5 km lang und man benötigt einfach 1,5 Std. für die Strecke.

Wer nach der eindrucksvollen Wanderung (23.) mal erleben möchte, wie es unterhalb der Lavaoberfläche aussieht, dem kann geholfen werden!

Denn unterhalb der starren Oberfläche gibt es, oft meterhohe, Lavatunnel. Sie entstehen, weil die herabfließende Lava an der Oberfläche zuerst erkaltet, damit langsamer fließt und irgendwann in Form eines Daches erstarrt. Die heiße Lava darunter fließt weiter den Hang hinab, auch wenn der Ausbruch endet. Da von oben kein Nachschub mehr erfolgt, bleiben Hohlräume zurück.

Bis es unter der Oberfläche so abgekühlt hat, dass man einen solchen Tunnel begehen kann, dauert es viele Jahre. Und auch dann ist es ein gefährliches Unterfangen, das man nur mit ausgebildeten Führern wagen sollte, denn schließlich ist es stockdunkel, die Tunnels variieren erheblich in Höhe und Breite, sind zum Teil ineinander verschlungen und manchmal auch einsturzgefährdet.

Wer das Abenteuer wagt, wird mit dem Eintritt in eine fremde Welt belohnt, in der, wie in normalen Höhlen, auch Stalagmiten und Stalaktiten entstehen und die Wände von einem, sagen wir es ruhig, kackbraun bis zu Schwarztönen chargieren und eine beständige feuchte Wärme herrscht.

Der Zugang zu einem Lavatunnel befindet sich meist am Ende des früheren Stroms oder an einer Stelle, wo das Dach eingestürzt ist. Insbesondere der Ausbruch von 2001 schuf am Piton de la Fournaise Tunnels, die sich für eine Begehung eignen.

Info: Ein Trip unter die Lava ist nur mit robuster Kleidung, Helm und Stirnlampe möglich. Organisierte Touren dauern etwa 3 Stunden, von denen man die Hälfte im Tunnel verbringt (inkl. eines kleinen Picknicks) und sind auf eine gewisse Gruppengröße begrenzt (leider steht man sich zur Hauptsaison durch die zunehmende Zahl an Anbietern manchmal auf den Füßen, was das Erlebnis etwas schmälert).

Kostenpunkt etwa 50 €, die Fotos, die der Guide macht, während man sich durch einen nur wenige Dezimeter niedrigen Abschnitt robbt, kann man später auf der Webseite herunterladen, ein empfehlenswerter Anbieter ist www.rando-volcan.com.

Die Rivière de l'Est ist einer jener Flüsse, die in der Trockenzeit eher einem trägen Bach gleichen, während der regenreichen Monate jedoch zu reißenden Strömen mutieren können. Sie entspringt unterhalb des Piton de la Fournaise und stellt die Grenze zwischen Saint Benoît und Sainte Rose dar. Früher war sie nur zu Fuß oder mittels kleiner Boote überquerbar, was während der Regenzeit wegen der Unberechenbarkeit der Wassermassen eine gefährliche Angelegenheit war.

Westlich von Sainte Rose wird der Fluss von einer berühmten Hängebrücke überquert, die im Volksmund „Le Pont Suspendu" heißt, die aufgegebene Brücke. 1894 durch das berühmte Architekturbüro von Gustave Eiffel erbaut, der unter anderem den Eiffelturm in Paris erschuf, trotzte die monumentale Stahlkonstruktion mit ihren 152 Metern Spannweite lange den Naturgewalten, überstand Zyklone und Erdrutsche.

Seit 1979 verläuft die Straße über eine neue Brücke knapp östlich. Lange Jahre konnte man das beeindruckende Bauwerk noch zu Fuß überqueren. Seit einigen Jahren ist es wegen zunehmender Baufälligkeit gesperrt (wobei das Absperrgitter nicht den Eindruck erweckt, als sei es unüberwindbar und als würde es nie überwunden werden...) und deshalb muss man sich mit einem Blick vom Parkplatz begnügen. Der ist aber immer noch imposant genug.

Zwei gemauerte Torbögen beschließen die Brückenenden, die Stahltrosse rosten gemächlich aber beständig im wechselhaften Klima, der Bodenbelag ist aus erstaunlich gut erhaltenen Holzplanken gefertigt und das hellblaue Eisengeländer blättert in allen Farben und Formen vor sich hin.

Und dass die Brücke an beiden Ufern zunehmend von der Vegetation überwuchert wird, unterstreicht den Eindruck von Vergänglichkeit, der über diesem Ort liegt.

Info: Der Parkplatz, der passend zur Umgebung einen etwas vernachlässigten Eindruck macht, liegt wenige Meter westlich der N 2, zu erreichen über ein kurzes Sträßchen. Von dort sind es nur ein paar Schritte, und man steht vor dem Absperrgitter. Einen schönen Blick auf die Brücke als Teil der sie umgebenden Landschaft hat man, wenn man das Sträßchen ein Stück zurückläuft.

Primärwald. Ein sehr nüchterner Begriff, der kaum ahnen lässt, wie ein solcher Wald den Raum mit Vielfalt füllt. Das größte zusammenhängende Primärwaldgebiet auf La Réunion ist der Wald von Bébour.

Er beginnt am mäßig steilen Osthang des Piton des Neiges auf etwa 1800 m und zieht sich bis zur tief eingekerbten Schlucht von Takamaka. Zu erreichen ist er auf einer 20 km langen Straße, die bis zur Hütte von Belouve führt, wo der kleinere Wald von Belouve den Wanderer bis zum Aussichtspunkt des Trou de Fer begleitet.

Während letztere Tour viel begangen ist, führen durch den Wald von Bébour einsame Pfade. Aber was heißt schon Pfade: über ein dichtes Geflecht von Wurzeln, bemooste Steine und Baumstümpfe, durch glitschige Schlammlöcher, dabei stets auf und ab, und immer den Kopf etwas eingezogen. Denn über dem Wanderer ziehen sich oftmals nur einen Meter über dem Boden armdicke Äste uralter Bäume in die Horizontale. Ihre Rinde ist selten zu erkennen unter einer dicken Schicht aus Moosen, Blättern, Epiphyten, die kreuz und quer wachsen und den gesamten Baum überziehen, dessen oberste Äste sich verzweifelt zum Licht strecken. Unten herrscht feuchtes Halbdunkel. Eine dämmerige Orgie in Grüntönen, angereichert mit Gelb-und Braunfacetten welkender Blätter und Moose. Bricht die Sonne durch das dichte Blätterdach, verwandelt sie den Wald in eine magische Glitzerlandschaft aus hellen und dunklen Streifen und Flecken, so dass das Auge Schwierigkeiten hat, sich zu orientieren.

Geräusche, von denen man sich leiten lassen könnte, gibt es auch keine. Ein paar Vögel flattern von Ast zu Ast und zwitschern sich fröhliche Botschaften zu. Wenn sie schweigen, hört man: Nichts.

Info: Zufahrt von Plaine des Palmistes auf guter Teerstraße. Eine Rundwanderung (Start kurz nach der Brücke über den Fluss Riviere des Marsouins) führt über den Forstweg von Takamaka bis zum Parkplatz an der Bergstation der Gondelbahn (nur für Mitarbeiter des Wasserkraftwerkkomplexes!), die hinunter in die Schlucht des Takamaka-Flusses führt (grandioser Ausblick!). Zurück geht es parallel zum Hinweg auf einem Urwaldpfad, der etwas nördlich verläuft. Hin 1 Std., zurück 2 Std.

Der ältere der zwei Inselvulkane ist der Piton des Neiges. Er ruht schon lange und speist seinen Ruhm aus der Tatsache, der höchste Berg im Raum des indischen Ozeans zu sein. Der Piton de la Fournaise, von allen Le Volcan genannt, ist nur 2500 m hoch, aber, erdgeschichtlich gesehen, ununterbrochen aktiv, zuletzt 2019.

Zu seinem Hauptkrater Cratère de Dolomieu führt ein spektakulärer Wanderweg. Er beginnt mit einem steilen Abstieg vom Pass von Bellecombe in den sogenannten Enclos, den Bereich des äußeren Kraterrings. Zum Pass gelangt man ab Bourg Murat über die neben der Straße nach Cilaos mutmaßlich schönste Strecke der Insel. Auf 25 km durchquert sie zunächst alpenähnliche Hochweiden, führt dann am Rand der Täler von Rempart und Grand Galet entlang durch steppenartige Hochebenen. Die letzten 5 km verlaufen ungeteert durch eine schwarzrote Lavalandschaft bis zum Rand des Enclos.

Das eigentliche Spektakel spielt sich oftmals am Nachmittag ab. Die feuchten Wolken drängen von Nord und Süd Richtung Zentrum der Insel, stauen sich vor dem Eingang des Cirque de Cilaos und vor der Plaine des Cafres. Sie kämpfen sich die Täler hoch und schwappen schließlich auf die Hochebenen und die Plaine de Sables. Gleichwohl drängt die Sonne sie immer wieder zurück, zwingt sie zur Auflösung und ermöglicht freie Blicke auf den Piton des Neiges. Wer dieses Schauspiel genießen will, sollte die Straße des Vulkans nach 15 Uhr nach unten fahren. Ein perfekter Standort ist der Aussichtspunkt am Cratère Comerson hoch über dem Vallée des Remparts, wenige Meter oberhalb der Straße gelegen.

Im Grunde verdichtet sich hier der Blick auf die gesamte Insel in all Ihrer Vielfalt in einem einzigen wortwörtlichen Augenblick.

Info: Schon die Fahrt auf der Straße kann mit häufigen Stopps und kleinen Abstechern ins Gelände tagesfüllend sein. Die einzige Einkehr in der Gite de Bellecombe ist den Besuchermassen nicht gewachsen, da empfiehlt sich die Mitnahme von ausreichend Proviant, denn traumhafte Picknickplätze gibt es zur Genüge. Ein Muss ist auch das Museum Cité du Volcan in Plaine des Cafres, Tel. 0262/590026, www.museesreunion.fr.

Der poetische Charakter dieses kreolisch geprägten Ortes mit seinen vielen farbenfrohen Holzhäusern (ein besonders schönes Beispiel ist das Maison Folio, siehe 29.) im Herzen des zerklüfteten Cirque de Salazie, der Ausgangspunkt für zahlreiche Wanderungen und Bergtouren ist, lässt sich gut in einem Gedicht beschreiben und erschließt sich am besten bei einem Spaziergang abseits der Hauptstraße. Ständig wechselnde Wetter- und Lichtstimmungen machen dabei gerade den besonderen Reiz aus. Ein schöner Platz zum Innehalten ist der bunte Friedhof am nördlichen Ortsende.

Dünne Regenfäden nieseln / Tropfen, klopfen, plätschern, rieseln
Blinken hell auf grünen Blättern / Dichter Bambus trotzt den Wettern
Blasses Rot und helles Blau / Zartes Gelb und trübes Grau
Spitzen, die das Dach umhüllen / Muster an Kreolenvillen
Orchideen in Nebelschwaden / Der erwähnte Regenfaden
Dünnt sich aus, dann bricht er ab / Noch ein wenig „plapp plapp plapp"
Und ein heller Schimmer schleicht / Durch das Grau, das langsam weicht
Blauer Himmel, Sonnenwärme / Zwitschernd fliegen Vogelschwärme
Zwischen dem Geäst umher / In den Straßen, grad noch leer
Wandern allerlei Gestalten / Schauen, diskutieren, halten
Kaufen ein und gehen weiter / Wetterlage: plötzlich heiter!

Info: Parken ist schwierig, es geht in Einbahnrichtung durch den Ort, am südlichen Ortsende etwas oberhalb in der Rue Fontaine reihen sich unverhofft viele Parkplätze. Einkaufsmöglichkeiten gibt es zuhauf an der Hauptstraße, eine nette Einkehr bietet sich im Villa Marthe an, da gibt es deftige kreolische Kost im blütenbunten Garten zu adäquaten Preisen, 71 Rue du General de Gaulle, Tel. 0262/692086437.

Das 1870 erbaute Maison Folio ist nach seinem Käufer Raphael Folio benannt, der mit seiner Familie nach wie vor dort wohnt. Im Stil der Kolonialherrschaft des 19. Jahrhunderts errichtet, besteht es aus dem Haupthaus mit originalem Mobiliar, einem Gästehaus und einem ausgedehnten Garten mit mehreren Wirtschaftsgebäuden und einem Hinterhof. Der Bau fiel in eine Zeit, als die Entdeckung von Thermalquellen eine rasche Besiedelung durch wohlhabendes Bürgertum und die Errichtung eines Militärkrankenhauses zur Folge hatten. Die Gebäude bestehen aus farbigem Holz, dessen Dächer mit Ornamentleisten (lambrequins) verziert sind. Es gibt einen Springbrunnen und ein Gartenhäuschen (guetail), das ebenfalls ornamentiert ist.

Im Garten befinden sich die Pflanzen, die auch zur Erbauungszeit das kreolische Alltagsleben und die Bedarfe widerspiegelten: Passionsfrucht, Mandarine, Zitrone, Mispel, Trompetenblumen (diese haben euphorisierende Wirkung...), Geranium (zur Gewinnung von Ölen und Parfüm), Kamelien, Bambus, zahlreiche Orchideen (auch Vanille), Kaffeepflanzen, Tropenhölzer (Rosenholz, Tamarinde, Ebenholz, Letchi), außerdem vielerlei Kräuter und Gemüsepflanzen wie Minze, Petersilie, Maniok, Zitronelle, Kurkuma, Peperoni, Begonien und Belladon, eine Pflanze, die in ihrer Funktion als pupillenerweiternde Droge zu Blindheit führen konnte.

Da erweiterte Pupillen anno dazumal als Zeichen der Schönheit galten, wurde sie von den Damen der feinen Gesellschaft gleichwohl konsumiert (daher der Name „Bella Donna").

Heutzutage betört der farbenprächtige Garten der Villa genauso wie zu seiner Entstehungszeit und vermittelt einen authentischen Eindruck, wie das Bürgertum (nicht die einheimischen, in ärmlichen Verhältnissen lebenden Kreolen!) es sich im 19. Jahrhundert auf der Insel gut gehen ließ.

Info: Das Maison Folio liegt am Ende der Zufahrtsstraße und hat täglich von 9 bis 11.30 Uhr und 14 bis 17 Uhr geöffnet. Eintritt 4 €, die Führung dauert 1 Stunde, man kann auch alleine durchgehen. 5 Rue Admiral Lacaze, Tel. 0262/478098, www.reunionest.fr.

Während in Europa, „auf dem Kontinent", die religiöse Vielfalt durch Anschläge und rassistische Gewalt zunehmend bedroht scheint, gibt es auf der Insel trotz hoher Jugendarbeitslosigkeit und durchaus existierenden sozialen Spannungen bislang keine Unruhen oder rassistische Ausschreitungen zwischen Afrikanern, Indern, Chinesen, Kreolen und zugewanderten Weißen. Die Religionen existieren friedlich nebeneinander. Sicherlich redet man nicht nur gut übereinander, aber letztlich toleriert man sich. Als erste Religion fasste der Katholizismus Fuß, indische und tamilische Plantagenarbeiter brachten den Hinduismus mit. Da sie sich aufgrund ihres Status anpassen mussten, entwickelten sie eine pragmatische Mischung aus nach außen gelebtem Christentum (z.B. Taufe der Kinder) und nach innen praktiziertem Hinduismus mit kleinen Tempelecken zuhause, und, in neuerer Zeit, dem Bau farbenprächtiger Tempel wie eben „Le Colosse." Sie öffnen zudem ihre Feste für die gesamte Inselbevölkerung. Chinesische Zuwanderer und Händler brachten den Buddhismus mit, und die Zuwanderer aus afrikanischen Staaten und den Komoren den Islam, der auf der Insel in einer gemäßigten Form praktiziert wird. Der Aufmerksamkeit der Reisenden werden die schlanken Minarette der Moscheen in den großen Küstenorten ebenso wenig entgehen wie die katholischen Kirchenbauten und zahlreichen rot gestrichenen Altäre zu Ehren des St. Expédit, die immerzu mit Blumen und Figuren geschmückt, ja überladen sind. Der 1980 errichtete „Temple du Colosse" ist einer der spektakulärsten Bauten. Steht man vor dem Eingangstor und betrachtet die Form des Gebäudes, lässt sich die Form des menschlichen Körpers nachvollziehen: Der vordere Teil steht für die Beine, der langgestreckte mittlere Gebäudeteil für den Körper, das Ende mit der Kuppel für den Kopf – es ist der heiligste Ort der Anlage.

Info: Der Tempel liegt in Saint André an der D 47, kurz nachdem sie in südlicher Richtung das Meer erreicht hat, an der rechten Straßenseite, Route de Champ-Borne 47. Bereits von der Straße ist der Blick eindrucksvoll. Wer eine Führung auf dem Gelände machen will (ins Innere darf man nicht), muss sich beim Tourismusbüro von Saint André telefonisch voranmelden, Tel. 0262/461616, www.reunionest.fr.

31. La Sucrerie du Bois Rouge und La Distillerie Savanna: Hier entstehen das braune und das flüssige Gold der Insel

Das in unseren Supermärkten verkaufte, schneeweiße Produkt von mehlartiger, feinrieseliger Struktur ist mit dem Zucker der Insel kaum zu vergleichen. Selbst das Ausgangsprodukt ist unterschiedlich: Hierzulande ist es die Zuckerrübe, dort das Zuckerrohr, frz. canne de sucre. Auf La Réunion wächst diese Pflanze bis in mittlere Höhen vor allem im feuchteren Osten und Süden. Erntezeit ist Juli bis Dezember. Dann fahren auf den kleinen Straßen die Zuckerrohrbauern mit schwer beladenen Traktoren die Ernte zur nächsten Wiegestation. Von dort starten gigantische LKWs, die das Zuckerrohr zu einer der beiden Fabriken nach Le Gol im Süden und Bois Rouge im Nordosten transportieren. Diese Lastwagen sind dafür berüchtigt, dass sie faktisch nicht bremsen können, weil sie so schwer sind. Man muss ihnen also unbedingt ausweichen bzw. den Vorrang lassen oder entsprechend beschleunigen. Sie machen sich allerdings frühzeitig durch kräftiges Hupen bemerkbar.
In den beiden Fabriken wird das Rohr zu Zucker verarbeitet und zum Großteil nach Frankreich exportiert. 18.000 Menschen leben in La Réunion vom Zucker.
Er dient auch als Rohstoff für die Herstellung von Rum. In Bois Rouge, das selbst von Zuckerrohrfeldern umgeben ist, steht die Destillerie direkt neben der Zuckerfabrik. Beides kann besichtigt werden (ebenso wie Le Gol), was zur Zeit der Ernte und Verarbeitung einen hautnahen, authentischen Einblick in die Produktionsschritte ermöglicht. Mit Helm und Headset wandelt man durch eine Wolke aus ohrenbetäubendem Lärm, staubgeschwängerter Luft und allerlei fremdartigen Gerüchen mitten durch die Fabrik, dann durch die Distillerie (wo es erheblich ruhiger zugeht) – um anschließend in der Boutique nebenan Zucker und Rum zu erwerben, selbstverständlich mit einem ganz anderen Blickwinkel als zuvor.

Info: Die Führung ist insbesondere während der Erntezeit spektakulär, dauert lange (2 Std.) und endet mit einer Verkostung in der Boutique. Festes Schuhwerk, Hosen, Anmeldung idealerweise zwei Tage im Voraus unter Tel. 0262/585974, www.distilleriesavanna.com. Die Boutique hat täglich außer Sonntag von 9.30 bis 12.30 und 14.30 bis 18 Uhr geöffnet.

Die Vanille bekam in Réunion nur eine Chance, weil die Kaffeeproduktion aufgrund verschiedener Faktoren in sich zusammenfiel.

Da die aus Mexiko stammende Pflanze auf der Insel nicht von Insekten befruchtet werden (dies vermag nur eine in Mexiko endemische Bienenart zu leisten), musste eine effektive manuelle Befruchtung gefunden werden. Dies gelang dem 12jährigen Sklaven Edmond Albius 1841 und führte zum Aufkommen einer erheblichen Vanilleproduktion bis in die heutige Zeit (aktuell 30 bis 40 Tonnen Schoten pro Jahr). Da die Vanille es feucht und warm braucht, wächst sie ausschließlich in niederen Lagen der Ostküste. Sie ist eine Kletterpflanze und kleinere Produzenten ranken sie häufig an Wirtsbäumen empor (zu sehen z.B. auf einer Wanderung zum Pointe de La Table, 23.). Die Schoten werden von Hand geerntet, verarbeitet und getrocknet. Vanille, so heißt es, benötigt vor allem Zeit, der Produktionszyklus erstreckt sich über zwei volle Jahre. Zwischen September und Dezember erfolgt die Befruchtung der blühenden Orchideen, ab Juni wird geerntet. Insgesamt haben sich auf der Insel 24 Produzenten zusammengeschlossen. Sie sind stolz auf ihre Bourbon-Vanille und betonen, dass im Unterschied zu Herkunftsländern wie Madagaskar auf La Réunion Qualität vor Quantität gehe.

In Jahren schlechter Ernte ist die Vanille ein knappes Produkt, so dass nur begrenzte Mengen zu erwerben sind (nicht mehr als 15 g).

Erlebbar wird die Vanille jedoch erst so richtig, wenn man ihren betörenden, sanft süßlichen Duft in die Nase bekommt. In der Plantation de Vanille Rouloff in Saint André hat man die Möglichkeit dazu. Bei einem Spaziergang durch die Wirtschaftsgebäude und das Außengelände beindrucken vor allem die Körbe und Lagerregale trocknender Schoten, die einen intensiven Duft verströmen. 2 Hektar Land mit 8000 Pflanzen erbringen etwa 160.000 Schoten, von denen eine bis zu 2 € kostet.

Info: Die Plantage liegt oberhalb der N2, zu erreichen über die kleine Rue Déschanets, 470. Tel. 0692/108715, Führungen täglich außer Sonntag um 11, 14, 15, 16 Uhr, nur nach Voranmeldung, www.lavanilleraiedelareunion.com.

La Dodo lé la - der kreolisch gefärbte Werbespruch des seit 1962 produzierten Inselbiers stimmt zweifelsohne: Das Bier ist da!

Gebraut wird es in der Brasserie Bourbon in Saint Dénis, der erste Braumeister hatte ein Diplom aus München und nutzte das Equipment und technische Knowhow der deutschen Brauerei Haase. Neben dem klassischen Hellen gibt es mittlerweile zahlreiche Mixgetränke, seit 2005 existiert ein kleines Museum auf dem Gelände der Brauerei, das die Geschichte dieses Nationalgetränks anschaulich präsentiert.

Das Bier ist auf der Insel überall zu finden, sei es in einer Bar in Mafate oder im Zentrum von Saint Dénis. Und zwar sowohl in leibhaftiger Form in der 0,33l-Flasche als auch virtuell: als Werbeplakat, bemalte Hauswand, farbig bedruckter Stuhl. In kräftig leuchtenden, frischen Farben oder ausgebleicht, abgeblättert, kaum noch sichtbar. Gelb, grün, rot, weiß sind die Signalfarben. Weiß ist dabei häufig der Vogel mit dem rundlichen Kopf und dem mächtigen Schnabel, der Dodo. Dabei stammt der eigentliche Dodo aus Mauritius. Auf Réunion lebte bloß ein Artverwandter, der Réunion-Ibis. Er war vermutlich viel schmaler und schlanker als der Dodo, und eben weiß. Beide Vögel wurden am Anfang des 18. Jahrhunderts ausgerottet - von den Menschen, verwilderten Katzen und Schweinen. Als flugunfähige Bodenbrüter, die mangels natürlicher Feinde keinen Fluchtreflex zeigten, waren sie eine leichte, wehrlose Beute. So hat das bunte Bier mit dem lustigen Vogelkopf eigentlich eine sehr traurige Geschichte im Hintergrund.

Man kann es aber auch bei seinem seit 1970 geltenden Produktnamen nennen: Bière Bourbon. Das war der frühere Name der Insel La Réunion: Ile de Bourbon. Weshalb die Vanille von hier Bourbon-Vanille heißt. Das ist aber eine andere Geschichte.

Info: Die Brauerei befindet sich direkt am Flussufer in Saint Dénis, 60 Quai 0, Tel. 0262/902200. Geöffnet hat sie bzw. das Museum (samt Devotionalienshop) von Dienstag bis Donnerstag, jeweils 9.30 bis 12.30 Uhr und 13.30 bis 16.30 Uhr, www.ladodo.com.

Der Autor, hauptberuflich Sozialpädagoge bei der Stadt München, schreibt Reiseführer für den Michael Müller Verlag (Südtirol, Latium, Dolomiten) und Wanderführer (Gardasee, Dolomiten, Ligurien). Außerdem veröffentlicht er Kalender bei Calvendo und publiziert Fotobücher on demand im Eigenverlag, www.flofritz.de. Wandern, Bergsteigen, Radfahren, gut Essen und einen feinen Wein trinken, das gehört auch noch zum Portfolio.

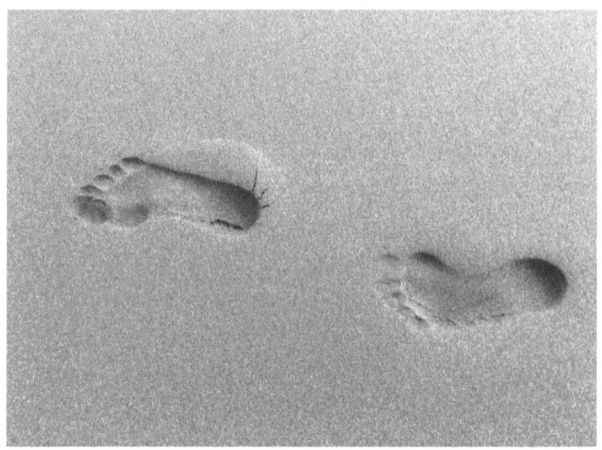

Dank: Mein Dank gilt meiner Frau Sibylle, die auf allen Reisen, so auch auf La Réunion, mit Begeisterung, Wanderlust, Routenvorschlägen und ihren beständig noch besser werdenden vegetarischen Kochkünsten meine liebste, beste und meist auch einzige Begleiterin ist. Außerdem unserer Katze, die gerne stunden- und tagelang auf ihrer Decke neben dem Computer mit unerschütterlicher Ruhe meinen Schreibübungen beiwohnt.